Library of
Davidson College

CAVERNAS DEL SILENCIO

ARMANDO VALLADARES

Cavernas del silencio

BIBLIOTECA
CUBANA
CONTEMPORANEA

861
V176ca

© ARMANDO VALLADARES, 1983
© De la edición española: Editorial Playor, 1983
Dirección postal: Apartado 50.869-Madrid
Dirección oficina central: Santa Polonia, 7
Madrid-14. Tel. 429 51 25
Diseño de cubierta: Adrián Puig
ISBN: 84-359-0354-0
Depósito legal: M-40.579-1983
Impreso en España/Printed in Spain
Gráficas Roanca, C/ Molina Seca, 13
Fuenlabrada (Madrid)

84-9655

INDICE

	Págs
PALABRAS INICIALES	9
PROLOGO	11
PRESENTIMIENTOS	17
Ahora no tengo noches	19
Está lloviendo a ciegas	20
Rompieron los disparos	21
Sé que un ciclón se acerca	22
Es primavera ya	23
LO QUE ME QUEDA	25
No han podido quitarme	27
Si tuviera...	28
Canción de septiembre	30
Mi alma	32
La mejor tinta	33
Yo tengo más	35
PARA INGRID	37
Tu voz	39
Tus manos	40
Tus ojos	41
Lo que yo quisiera	42

¿LIBRE...? ... 43
¿Libre...? ... 45
Olvido ... 47
Paréntesis ... 49
La palabra que le falta ... 51
ELEGÍA PARA UN SOLDADO CUBANO MUERTO EN ANGOLA ... 55
Elegía para un soldado cubano muerto en Angola ... 57
ESLABONES ... 61
A Estebita ... 63
Don Tomás ... 65
Canción para Clodomiro ... 67
Un día de muerte ... 70
Otra dimensión ... 74
Ahí vienen ... 76
BAYONETAS INÚTILES ... 79
Pinceladas ... 81
Oración ... 83
La última campanada ... 85
No sé por qué le temen ... 87
El final ... 88
Bayonetas inútiles ... 89

*A mi sufrida madre
y hermana con amor*

PALABRAS INICIALES

SIN ARRIMO Y CON ARRIMO
SAN JUAN DE LA CRUZ

> *No puede temer la esclavitud el que tiene un gran corazón; el que sabe morir, lo evita todo.*
> SOFONISBA (II, V)

Todo lo que escribe Valladares, todo lo que ha cubierto de lluvia y de prodigios, la Belleza lo reconoce con sus agujas de esperanza.

¡Con qué gozosa emoción escuché, tras el naufragio caníbal, sus poemas! Eran las noches que siguieron a su liberación. En el reino de los inocentes la pureza inventa la gracia. Pero también con cuánto temor le oía recitar sus versos: me asustaba el que pudieran extraviarse de su memoria hasta perderse para siempre... sonando así el gong del crimen absoluto.

En la obra poética de Valladares todo es inaudito como lo es la manera como la compuso en prisión y la realidad que la inspiró.

¿A quién puede extrañar que Valladares escriba como nadie? Su poesía, renovadora, es el espejo de todo espejo en el corazón de nuestro corazón.

¿A quién puede sorprender el celo de sus verdugos para impedirle escribir en la cárcel o el ardor con el cual hoy combaten su obra? Las cloacas de la historia desembocan en el mar de los embustes. Pero el espíritu no se corrompe; las escamas caen en el abismo de la Tierra y las campanas repican vestidas de palomas.

¿Qué mayor elogio puede recibir un poeta que la saña de los déspotas y sus cómplices? ¡Cuanto le hubiera envidiado a Valladares Andre Breton!

Valladares vivió 22 años con su cerebro encañonado: pensar hubiera debido causarle vértigo. Pero como un milagro inspirado su obra emergió del delirio.

Asesinaron el cristal de la misericordia, la tierra crepitó con la ceniza y el crimen pero Valladares como San Juan de la Cruz hubiera podido escribir:

> Aquesta viva fuente que deseo
> En este pan de vida yo lo veo
> Aunque es de noche.

Fernando Arrabal
28 de octubre de 1983

PROLOGO

Mejor es el muchacho pobre y sabio, que el Rey viejo y fatuo que no sabe ser aconsejado.
Porque de la cárcel salió para reinar, mientras el nacido en su reino se hizo pobre.

ECLESIASTES IV, 13-14

A los que penetran en el infierno, Dante les aconseja que abandonen toda esperanza.

Armando Valladares, al revés, nos da la prueba de que el hombre puede revivirlo todo, o casi todo. El infierno que conoció, lo evoca con mucho pudor en *Cavernas del silencio* que compuso de memoria en el calabozo estando encerrado, tapiado, deslumbrado por una luz artificial permanente, sin un lápiz o pedacito de papel, nada... excepto esperanza y fe.

Después de *Desde mi silla de ruedas* en la que se encontraba como un árbol fuertemente arraigado, y de la que afortunadamente, logró un día levantarse, y de *El corazón con que vivo*, publica ahora, ya fuera de la cárcel pero igualmente libre en su alma, estas poesías salvadas de las tinieblas de un probable olvido: la memoria suele ser cosa frágil.

Las primeras, con sencillez casi franciscana, nos pintan la condición inhumana del preso, pero también nos sugieren en un vaivén antitético, la belleza de la naturaleza y del cosmos, la alegría del trajín cotidiano fuera de la celda.

El poeta sigue con suma atención el transcurrir del tiempo que la claridad cruda e hiriente de las bombillas y las altas paredes no le permiten admirar: el amanecer, el crepúsculo, así como las estaciones: el otoño, la primavera. Varias veces celebra con fruición el rumor de la lluvia, el olor fresco de la tierra húmeda, los torbellinos de viento o el esplendor de un cielo estrellado sólo contemplado en el recuerdo ("Presentimiento", "No han podido")

Pero estas menudas alegrías no pueden borrar las tragedias calladas de la cárcel, las ejecuciones de los reos a hurtadillas, las mutilaciones sádicas o las frustraciones que sufren sin tregua los presos cubanos condenados por los comunistas a no respirar aire fresco, no ver la luz del día, no tener lectura, ni consuelo religioso, no recibir cartas ni visitas de sus familiares ("Si tuviera", "Me lo han quitado todo"). En otros poemas Valladares canta el amor a su esposa Martha (su "hucha de ahorros de dulzura" como diría J. Guillén), –su imagen brilla siempre presente entre las rejas–, o el encanto de una niña inválida de la que sólo conoce la risa oída desde fuera en un hospital, y cuya vocecita le alivia de vez en cuando.

Dedica largas poesías a los jóvenes cubanos, como en "¿Libre...?" u "Olvido" (sus advertencias siguen un ritmo de letanía, a modo de estribillo repite al incauto admirador de Fidel que no es un hombre libre), a sus compatriotas sumisos que se fueron lejos a guerrear sin saber a qué atenerse y que a veces murieron de una manera atroz en una jungla inhóspita ("Elegía para un soldado muerto en Angola"), al personal del hospital "demasiado" compasivo ("Paréntesis", "A Teresa Colunga") o sumamente indiferente ante el sufrimiento humano ("Un día de muerte"). Estos últimos versos son de los más acabados, con una dramatización progresiva e intensa que culmina con el triunfo de la muerte que, con su guadaña, parece arrebatar al preso por fin liberado hacia una danza medieval.

También Valladares exalta la resistencia porfiada de sus compañeros que pagaron con su vida su afán de libertad y a los que saca del anonimato ("Ahí vienen", "Canción para Clodomiro", "A Estebita") o ensalza la fraternidad con otros presos encerrados como él en los innumerables calabozos de la cárcel ("Otra dimensión"). "Oración" nos muestra que el poeta que supo denunciar los salvajes asesinatos perpetrados a escondidas en las mazmorras o los crímenes fríamente concebidos por los "sabios" que se entregan a experimentos de estilo nazi con sus indefensas víctimas puede también conservar el sentido del humor para poner en solfa las pretensiones de los soviéticos todo poderosos en la isla, cuando aseguran que todo lo bueno es ruso y comunista, incluso...Cristóbal Colón.

Parece inspirarse en las canciones populares con sus repeticiones y variaciones sobre un mismo tema: "Ahí vienen los comunistas...ya suben...ya se van los comunistas...ya se van los comunistas".

Con palabras sencillas y lisas, sin cólera ni odio, gracias al empleo frecuente y acertado del heptasílabo que, por lo visto es su verso preferido, Armando Valladares como cuchicheando al oído de un amigo, con pausas y silencios que subrayan el horror de la situación, intenta comunicarnos su indecible experiencia. Un poco como si Dante hubiera escogido el murmullo en vez de pintar un gran fresco visionario. Tal es el impacto de los versos de *Cavernas del silencio*.

Las últimas palabras de los poemas nos dan la clave de las preocupaciones y emociones que alberga el alma de un preso dispuesto a resistir hasta la muerte: "presiento, comunistas, esperanza, el alma de un poeta, musical, dolores, alegría, alegría maravillosa, escribirte algunas poesías, soledad, mentira, libertad, sueños, alambradas, un día de muerte, preso, escribo versos todavía, en amistad eterna, amor y libertad, implacable soldadesca" etc...

Por una parte el presente tétrico, por otra el porvenir en que deben triunfar los valores libremente escogidos por un hombre sin alienación: superando su aislamiento físico, el preso comulga a la vez con sus hermanos encadenados y con los amplios espacios del mundo exterior. Un hombre sí...pero también un poeta que conoce el peso de las palabras y los días y que, para contemplar el mundo en un granito de arena, sabe escoger el infinito en la palma de su mano y captar la eternidad en la hora que pasa, como ya lo recomendaba William Blake.

Luce Moreau-Arrabal,
Universidad de París, Sorbonne

Sin luz y a oscuras viviendo
SAN JUAN DE LA CRUZ

PRESENTIMIENTOS

Muchos de estos poemas no fueron escritos, sino compuestos en la memoria, cuando el autor se encontraba totalmente incomunicado en un local con las ventanas selladas, las paredes y el techo pintados de blanco brillante y diez tubos de luz de neón encendidas perpetuamente. El lápiz y el papel estaban rigurosamente prohibidos.

Ahora no tengo noches
todo mi tiempo es día
un día artificial
de luces encendidas.
Presiento que allá afuera
hay un rumor de estrellas
y nubes
y una luna
que navega entre ellas
pero sólo presiento.

Está lloviendo a ciegas
desde el anochecer
y aunque un poco lejano
escucho el tintineo
que repite el encanto
—o mejor digo el canto—
de caer y caer.

Rompieron los disparos
la quieta madrugada
despierta una sirena
y los perros le ladran.
A lo lejos se escuchan
las voces de los guardias.
Una ráfaga corta
y una ráfaga larga
y de nuevo el silencio.
Presiento que hay un muerto
al pie de la alambrada
pero sólo presiento.

Sé que un ciclón se acerca
–aunque no me lo digan–
estamos en octubre
y afuera sopla el viento
cada vez con más fuerza
se escucha en otros pisos
clavando las ventanas
pero donde yo estoy
no podrá entrar el viento
mis ventanas están
todo el año clavadas.

Es primavera ya
pero no en este cuarto
el cielo estará azul
y bordado de pájaros
el aire soplará
con frescura su aliento
presiento florecidos
y muy verdes los campos
pero sólo presiento.

LO QUE ME QUEDA

NO HAN PODIDO

No han podido quitarme
todavía
en este encierro
el canto de la lluvia
pero quizás lo hagan mañana
por eso quiero ahora disfrutarlo
escuchar las gotas
más allá de mis ojos
y los espesos muros
golpear con insistencia
las ventanas tapiadas.
Y de pronto me llega
no sé por qué ranura
no sé por qué intersticio
ese olor agradable
de la tierra mojada
y la aspiro muy hondo
para llenarme bien
porque quizás también
lo prohiban mañana.

SI TUVIERA...

Si al menos yo tuviera
una jaula con sol
y un poco de aire puro
que alivie mi disnea
y no los blancos muros
y el ambiente viciado
de este cuarto cerrado.
Si al menos yo tuviera
una Biblia pequeña
un texto de Martí
u otro libro cualquiera
si ellos me permitieran
que recibiera cartas.
Si al menos yo tuviera
una vez cada año
la alegría tremenda
de ver a mi familia
de besar a mi madre
tan sólo en los minutos

de una breve entrevista...
¡Ah...! pero estoy delirando
si todo esto tuviera
mis guardianes no fueran
entonces comunistas.

CANCIÓN DE SEPTIEMBRE

A mi esposa, presente siempre

Para cantarte
mis palabras tienen hoy
un eco triste
el más profundo quizás
de mis montañas
dulce
lejano
repetido
dilatado por fechas oxidadas.
Por las viejas rejas amorosas
—de nuestra misma cárcel—
se abre la concha gris de una alborada
idéntica es la lluvia ahora repetida
de aquel mismo cielo que empezaba.
En cada instante de mí a veces aire
o en las costillas rotas
de aquellas alambradas

tu recuerdo se agiganta entre mis manos
quebrando los candados
que cierran la mañana.
Para cantarle a tu silencio
se hacen de ternura
mis letras torturadas
para cantarle a tu presencia
hoy soy más que nunca un hombre libre
y nazco con septiembre a la esperanza.

5 de septiembre de 1981

MI ALMA

Si en un sitio existiera
constante primavera
brillantes mariposas
un torrente de amor
y un parque de alegría
ese lugar sería
el alma de un poeta.

LA MEJOR TINTA

*A René Díaz Almeida,
poeta y hermano de lucha*

Me lo han quitado todo
las plumas
los lápices
la tinta
porque ellos no quieren
que yo escriba
y me han hundido
en esta celda de castigo
pero ni así ahogarán mi rebeldía.
Me lo han quitado todo
—bueno, casi todo—
porque me queda la sonrisa
el orgullo de sentirme un hombre libre
y en el alma un jardín
eternamente florecido.
Me lo han quitado todo

las plumas
los lápices
pero me queda la tinta de la vida
–mi propia sangre–
y con ella escribo versos todavía.

> *Original escrito con mi sangre y una astillita de madera en abril de 1981 en las celdas de castigo de la Cárcel del Combinado del Este, en La Habana.*

YO TENGO MÁS

No importa que tú tengas
fusil y bayoneta
soviéticos o checos
no importa que tú tengas
no importa que tus manos
apunten los cañones
o cierren los candados
de pueblos y prisiones.
No importa que tú tengas
fusil y bayoneta
yo tengo aquí en mi celda
oscura y con barrotes
dentro de mí una fuerza
que tú nunca tendrás.
No importa que tú tengas
las llaves de mi cuerpo
si yo tengo en mi alma
AMOR y LIBERTAD.

PARA INGRID

Para Ingrid, una niñita nicaragüense, que con sus nueve años, estaba como yo, en una silla de ruedas y que todas las mañanas, cuando era llevada al salón de fisioterapia, me saludaba desde lejos.

Hospital Frank País
Marzo de 1980

TU VOZ

Tu vocecita infantil
son campanitas
y un exquisito canto
de cristal
tu vocecita
bajo mi ventana
es tan alegre, tan alegre
como una cajita musical.

TUS MANOS

Tus manos son
dos mariposas leves
que parecen volar
para decirme adiós
tus manitas de niña
sin rencores
cuando me saludan
tan alegres
son un alivio inmenso
a mis dolores.

TUS OJOS

Tus ojos lindos
que me saludan
tus ojos dulces
de niña hermosa
tus ojos lindos
en mi ventana
con su alegría
maravillosa.

LO QUE YO QUISIERA

Quisiera regalarte
un cielo inmenso
y una estrella azul
que siempre brille
caracolas de nácar
mariposas silvestres
y un pájaro que cante
y te repita
que no me borres nunca
de tu mente.
Quisiera regalarte
una palabra nueva
y todo lo que sueñe
tu infantil fantasía
pero ya ves Ingrid
sólo puedo
escribirte algunas poesías.

¿LIBRE...?

A todos esos que en Cuba llevan una camiseta con un rótulo en el pecho que dice: SOY UN HOMBRE LIBRE.

¿LIBRE...?

Tú dices que eres libre
—yo no sé si lo crees
pero al menos lo dices—
Libertad no es espacio
para dar unos pasos
ni siquiera la cama
para acostarse dos.
Tú dices que eres libre
y no tienes palabras
porque sólo repites
—con la boca cerrada—
aquellas que te dan.
Libertad no es un pan
—a veces en la mesa—
ni un poco de cerveza
o algo para fumar.
Libertad es hacer esto:
escribir lo que piensas
gritar lo que aborreces

aunque pagues con años
de tortura las letras
aunque mueras de rejas
en esta soledad.

OLVIDO

Yo sé que a veces se te olvida
cuando vas con ella
y sentados juntos
en el banco de un parque
contemplan extasiados
allá en el horizonte
encenderse la tarde
o miran con ternura
cuando la noche llega
cómo abren en el cielo
sus ojos las estrellas.
Tomados del brazo se levantan
y se alejan
por un camino de besos y diminutivos
de esos que no se escriben en los versos
pero se dicen los amantes al oído.
Y así vas...
y llegas a una esquina
–y de pronto–

frena en la calle una patrulla
de la Policía Política
y se rompe el hechizo
y sientes que el terror
te sube por las piernas
te llega a las rodillas
y le aprietas la mano
casi hasta hacerle daño
y giras en redondo
y la arrastras contigo calle arriba
y tú no has hecho nada
—me decías—
pero es que ellos te recuerdan
lo que a ti a veces se te olvida
que ese letrero que llevas en el pecho
—"SOY UN HOMBRE LIBRE"—
es, sencillamente, una mentira.

PARÉNTESIS

A Yolanda, con pena

En aquel minúsculo cuarto de hospital
me aprendí de memoria
la hondura de tus ojos
frustrados por todas las angustias
cansados por ese síntoma de vocación "voluntaria"
que te imponían las consignas
y la lucha de clases.
Te confiaron mi cuidado y vigilancia
porque eras comunista.
Las alas blancas de la cofia breve
con tu belleza espléndida llenaban mi habitación
cada mañana
cada tarde.
Y allí mis palabras repicaron como campanas
quebrando la mentira en tu silencio
y empecé a enseñarte que la Libertad
no estaba en los cabellos rubios de tu hijo

ni la cárcel
en las llaves de mis candados
en la escolta que crucificaba mi puerta
o en los clavos que tapiaban mi ventana.
Y sin decírtelo
te hice comprender tus limitaciones
y que sintieras tus alambradas
y las bayonetas sutiles que también te rodeaban
te di un paréntesis de luz
y unas manos ya viejas de esperar despedidas
te presté mis ojos
para que vieras los límites de tu jaula
y los horizontes infinitos de tu alma
          –que tú ignorabas–.
Pero un día ellos descubrieron que ya no me odiabas
y te acosaron
y conociste el torbellino de la represión
y las amenazas y el miedo enloquecedor
te prohibieron mi amistad
–porque ellos pueden elegirte los amigos–.
Te perdieron de mis ojos
y nunca más he sabido de tu nombre.
Pero sé que desde entonces
LIBERTAD tiene para ti
un extraño e imposible significado.

Hospital Ortopédico de la Habana
Octubre de 1979

LA PALABRA QUE LE FALTA

> *A Teresa Colunga, con agradecimiento. Ella fue expulsada del Hospital Nacional de Reclusos, acusada por la Policía Política de "demasiado humanitaria".*

Cuando después de atravesar
el bosque de rejas y cerrojos
que conduce a mi cueva
—una cueva de principios justos
gritados desde el fondo
de un Martí bien interpretado—
cuando se sintió en aquel mundo extraño
ausente de una bocanada de sol
—que no sale para todos—
y de un rayo de aire fresco
y me vio allí
enfermo
agobiado por el asma
y el óxido de los años

encerrado como una fiera rabiosa
porque tengo unas ideas diferentes
y las digo.
Cuando usted me vio
sin espacio para un suspiro
una flor extraña se abrió dentro de su alma
y sus enormes ojos negros
se precipitaron en un torrente de indignación
de azabache y ascua
de protesta y ternura
aquellas condiciones despiadadas
conmovieron su profunda sensibilidad humana
afuera
    entre rejas
           un pedacito más de jaula
podía aliviar... a veces
pero lo prohibían los fusiles.
Yo le advertí que no lo hiciera
porque ni sus misiones internacionalistas
ni su integridad revolucionaria
—mil veces demostrada—
nada significarían para ellos
¡Yo soy la jefa de enfermeras!
—recuerdo que me dijo—
y usted necesita aire
y abrió los hierros
y amplió mi jaula
para que mi tos tuviera más espacio...
Pero los traductores del marxismo
los teóricos del humanismo
explicado a bayonetas

no pudieron tolerarlo.
Al día siguiente cuando la recriminaron
me sentí triste
muy triste
¿dónde estarán ahora sus enormes ojos negros?
pienso que tal vez
busquen afanosos
la palabra que les falta...

ELEGÍA PARA UN SOLDADO CUBANO MUERTO EN ANGOLA

ELEGIA PARA UN SOLDADO CUBANO MUERTO EN ANGOLA

Hubieras podido decir que no
pero te faltaba libertad para hacerlo
pensaste en la cárcel
en la vertical angustia de las rejas
o en el estigma de traidor
te habrían acusado de debilidad ideológica
quizás hasta de contrarrevolucionario...
y dejaste que el vacío de tu estómago
trepara a la garganta
y te cortara el aliento y las palabras
no comprendías por qué te obligaban a pelear en Africa
en una tierra ajena
–que los africanos resuelvan sus problemas
o que manden a los rusos– pensaste
y te asaltó el terror de que alguien
pudiera adivinar tus pensamientos

           Tus ojos se llenaron

        de flores diminutas
        el verde de la jungla
        repitió la esperanza.

Tu esposa no quería que fueras a la guerra
tu hija, que apenas intentaba
dar sus primeros pasos,
con su carita tierna se abrazaba a tu cuello
sin comprender el llanto de presagio y de miedo
y ahora estás allí,
sembrando el odio de las bayonetas soviéticas
acosado por las plagas, la sangre
y las balas sin sueño,
con los pies reventados de hongos,
rodeado de aquella gente extraña
y de rugidos en la noche misteriosa.

                La mina que pisaste
                palpitó suavemente
                y gritó en mil fragmentos
                su canto de metralla.

Un volcán de humo y fuego
se abrió bajo tus plantas
luciérnagas de hierro volaron a tu cuerpo
las bolsas rasgadas donde estaban los testículos
        –antes de la explosión–
se perdieron bajo los intestinos
que escaparon por la jaula abierta de tu vientre
como serpientes azulosas y palpitantes.
Tu sangre caliente se la bebe la tierra
un coro de ojos te acribilla en silencio

en la última noche de toda tu esperanza
los rostros
más negros que tu negra noche
son tus compañeros de patrulla

              –soldados del odio–
esclavos como tú y con atávicos ritos.

            Los brujos de la tribu
            les dieron su canción
            y te abrieron el pecho
            buscando el corazón.

En el fondo de un grito
te hundiste lentamente
por las sombras sin llanto del bárbaro ritual
y no supieron nunca
los que te conocieron
que encontraste en la jungla, al fin, la Libertad.

ESLABONES

A ESTEBITA

Hace tiempo
que me resuena en la memoria
la muerte de Estebita*
han pasado cientos de eslabones desde entonces
pero su recuerdo nunca duerme
y de cualquier desconocido cementerio
se levanta del polvo atardecido
como un grito de luz
de vida y muerte.
Tras la tapia ciega de su reja
noche por noche
infatigablemente nos contaba
un viejo filme del oeste
una novela misteriosa

* Esteban Ramos Kessel apareció muerto en una celda de castigo el día 4 de febrero de 1972, en la Prisión de Boniato. Víctima de experimentos biológicos, consistentes en provocar enfermedades carenciales, con una dieta bajísima en calorías y ausencia total de proteínas y vitaminas.

o una historia de amor improvisada.
Durante varias horas
nos hacía olvidar
el dolor de los golpes
la angustia
el hambre insatisfecha.
Pero su figura menuda y enfermiza
no pudo resistir los experimentos
y una tarde para no amanecer
se durmió su voz en el silencio.
Lo mataron de hambre y desnutrición.
Cuando los familiares para sepultarle
reclamaron el cuerpo
las autoridades les dijeron
que ese preso
no había cumplido su condena
y el cadáver por lo tanto
era de ellos.
Y no se supo nunca
dónde enterraron a Estebita.
Por eso
su recuerdo se levanta
de cualquier desconocido cementerio
del polvo de nuestros caminos
de estos dolorosos
caminos de preso.

DON TOMÁS

> A Don Tomás de Aquino,
> que murió de frío el invierno
> de 1962 en la prisión de Isla de
> Pinos.

Don Tomás de Aquino
era un negro viejo
del cual nadie supo
su edad ni sus sueños.
En un remendado
camastro de sacos
vivía en su celda
solo y olvidado.
Como amargo fruto
de sus tantos años
y de sufrimientos
tenía el carácter
rebelde y huraño.
Hubo una requisa
aquella mañana

que no dejó un toldo
en ninguna ventana.
Era un mes de invierno
ráfagas heladas
hacían temblar
lamiendo los huesos.
Y así fue en el día
y en la madrugada
con glacial aliento
el viento
soplaba... soplaba...
Cuando lo llamaron
a pasar recuento
el cuerpo grisáceo
herido de frío
se encontraba muerto.
Don Tomás de Aquino
era un negro viejo
del que nadie supo
su edad ni sus sueños

CANCIÓN PARA CLODOMIRO *

Su tierra era mi tierra
la de hermosos pinares
la de ríos tranquilos
la de extensas sabanas
la más occidental
de las provincias
de la Isla del tabaco
y de la caña.
Y se hizo de gloria y alegría
el día aquel
en que Clodomiro
decidió regresar a la montaña.
Sin tiempo apenas
para sacudirse
el cansancio de su anterior campaña

* Clodomiro Miranda luchó con Fidel Castro. Fue jefe de las guerrillas en la zona montañosa de occidente, donde nació y se crió el autor. Campesino humilde, Clodomiro no quería otra dictadura para su Patria y volvió a las montañas a luchar contra la de Castro.

empuñó el fusil libertador
se echó la mochila
nuevamente a las espaldas
y se marchó a conquistar
para los otros
una Patria sin rejas ni alambradas.
Su tierra era mi tierra
la de los verdes tomeguines
que tejen con sus trinos
la mañana
la de las pocetas cristalinas
por frondosas pomarrosas escoltadas.
Y allá está Clodomiro
como faro y ejemplo en la montaña
y allá van los comunistas a buscarlo.
Huyen los tomeguines asustados
rompe el cristal del agua
la metralla
y comienza el acoso
a tiro limpio
y en desigual combate
Clodomiro es mordido por las balas.
Y así pasan los días...
las heridas
tratadas al principio
hace semanas que no son curadas
porque Clodomiro está en capilla ardiente
en la tétrica prisión de La Cabaña.
No puede pararse
en la celda no hay cama
en el suelo duerme

en el suelo come
y es por el suelo sucio
que se arrastra.
En las carnes abiertas
podridas e infestadas
pululan hambrientos los gusanos
ansiosos por roerle las entrañas.
En una parihuela lo bajan a la muerte
y contaron los guardias
que lo fusilaron en el suelo
y que gritaba ¡Abajo el comunismo!
y así dejó las páginas breves de la vida
para ingresar en las inmortales de la Patria.
Su tierra era mi tierra
su sangre y mi sangre eran hermanas
y ya es Historia el día aquel
en que Clodomiro
empuñó el fusil libertador
se echó de nuevo la mochila a las espaldas
y se marchó a conquistar
para los otros
una Cuba sin rejas ni alambradas.

UN DÍA DE MUERTE

En la cárcel no hay lunes
ni jueves ni domingo
ni primero ni seis
ni diez ni veinticinco.
Aquí el concepto tiempo
es algo diferente
sólo existen dos días:
los de vida y de muerte.
El sol
rojo de fuego
asoma en el naciente
nadie hubiera pensado
que era un día de muerte.
Bacallao * está allí
tirado en un rincón

---

* José Ramón Bacallao murió por falta de asistencia médica en el Hospital de la Prisión del Combinado del Este el día 28 de octubre de 1980.

porque tiene un infarto
grave en el corazón.
Ana Karelia
es la jefa de enfermeras
una mujer negra
cuando ríe
su boca es como la boca
de una fiera.
Pero tiene estrecha la cintura
y mueve con cadencia las caderas
y es popular por eso y nada más
ella debe llamar la ambulancia
para que Bacallao no se muera.
Pero está muy ocupada esta mañana
en su paseo matutino de caderas
atraviesa salones y pasillos
en un sube y baja de escaleras
¡Ah...! si Ana Karelia llamara la ambulancia
para que Bacallao no se muera.

Bacallao está solo
no hay con él siquiera una enfermera
nadie le ha dicho que no debe moverse
y se espanta las moscas de la cara
a manotazos
se sienta en el lecho
se incorpora
y en cada esfuerzo un paso más
la muerte se le acerca.
Ya la tiene a los pies mismos
de la cama

sonríe
y acaricia la guadaña suavemente
con la mano esquelética y siniestra.
¡Ah...! si Ana Karelia llamara la ambulancia
para que Bacallao no se muera.

¡Ahí pasa Ana Karelia!
va rodeada de su corte de enfermeras
ríe de buena gana
y cuando ríe
su boca es como la boca de una fiera
¡Si Ana Karelia llamara la ambulancia
para que Bacallao no se muera!

Los minutos
desde la cima del reloj
convertidos en horas se despeñan
ya rodaron las nueve
las diez...
las once...
ya el sol al cenit llega
¡Si Ana Karelia llamara la ambulancia
para que Bacallao no se muera!
Las cuatro menos cinco
de la tarde
muy empolvada pasa Ana Karelia
ha terminado su jornada diaria
ya no va vestida de enfermera
usa un pantalón muy ajustado
y es mucha la prisa que ahora lleva
repiquetean los tacones con apuro
le saltan furiosas las caderas

¡Si Ana Karelia hubiera llamado la ambulancia
para que Bacallao no se muera!
. . . .

Bacallao y la muerte ya están solos
la Parca lo mira satisfecha
alza la guadaña
y la mueve en el aire con cadencia
—como mueve Ana Karelia las caderas—
está contenta, ríe complacida
y de un tajo fatal le corta a Bacallao
el hilo que lo unía con la vida.
Allá en el cielo el sol
cansado y perezoso
se va rodando hacia el poniente.
Ha hecho un día de luz esplendoroso
nadie hubiera pensado
que era un día de muerte.

OTRA DIMENSIÓN

A Ramón Ramudo, * amigo*

De tu celda a mi celda
hay veinte años de rejas
tres pasillos de sangre
de grito
y bayonetas.

De tu celda a mi celda
hay un bosque de puertas
y paredes de angustia
y de esperanzas muertas.

De tu celda a mi celda
muere la primavera
hay un invierno gris

---

*Ramón Ramudo, español-sueco, miembro del Partido Socialista de Suecia, fue detenido, acusado de espionaje y enviado a las celdas de castigo de la Prisión del Combinado del Este en 1981, donde coincidió con el autor.

con gestos de esperanza
y sonrisas de espera.

De tu celda a mi celda
a pesar de las puertas
de reja y bayoneta
a pesar de los guardias
—centinelas del odio—
nuestras manos se dieron
en amistad eterna.

AHÍ VIENEN

A Gerardo González, "El Hermano de la Fe", asesinado en la prisión de Boniato el 1.º de septiembre de 1975

Ahí vienen los comunistas
con fusil y bayonetas
canta "La Internacional"
la implacable soldadesca
"arriba pobres del mundo
uníos para matar".

Ya suben las escaleras
tiembla la mañana inquieta
cantan "La Internacional"
y vienen por sangre nuestra
. . . .
. . . .
Ya se van los comunistas
con fusil y bayonetas
en el pasillo ha quedado

un charco de vida muerta
Gerardo yace cadáver
al pie de las escaleras.
Ya se van los comunistas
canta "La Internacional"
la implacable soldadesca.

BAYONETAS INÚTILES

PINCELADAS

A José Mijares,
gran pintor cubano

Llegaron como siempre
destrozándolo todo
mis gastados pinceles
quebraron en pedazos
volcaron acuarelas
rompieron los dibujos
y una humilde paleta
hecha de un plato viejo
en el suelo patearon.
Y pensé en ti Mijares
en tus hermosos cuadros
en tu estudio tranquilo
con pinceles enteros
con dibujos intactos
y fue así que la ira
se cambió en alegría

porque ellos sin saberlo
con el odio marxista
me ofrecieron entonces
lo que busqué hace tiempo
–para hacerte unos versos–
un motivo de artista.

ORACIÓN

¡Escúchame Señor!
yo que tan pocas veces te molesto
pero he leído consternado
que Cristóbal Colón era soviético
que nació allá por Kiev
hijo de humilde aldeano
y que llegó a España
nadando a través del Continente
o galopando por el Mediterráneo
–en verdad– este último dato
no está claro.
¡Escúchame Señor que todo puedes!
los antihistoriadores
están aquí buscando
examinan archivos
fe de bautismos
antiguos documentos...
Yo sé bien lo que buscan
–yo lo sé–

y tengo miedo Señor y estoy inquieto.
No permitas ahora
que ellos "descubran"
que el tercer nombre de Martí era Popov
y que nuestro Apóstol también era soviético
¡No lo permitas Señor... Amén!

LA ÚLTIMA CAMPANADA

Tocarán a tu puerta
los mendigos de Ernesto
más grises que nunca antes
en sus harapos relucientes
los verás frente a ti
con las manos tendidas
pero no con las palmas abiertas
en actitud de limosna
sino con el índice
encorvado y huesudo
s e ñ a l á n d o t e.
Desde el fondo de las cuencas vacías
te mirará el pasado
y el horror sellará tus labios
las palabras huirán espantadas
de tu boca.
El viejo y oxidado reloj
de la estación
tocará una campanada

una sola
para ti la última.

No sé por qué le temen
al grito de mis versos
son humildes estrofas
escritas por un preso.

EL FINAL

Cuando se levanten del silencio
las voces de la sangre
y los jueces de plomo rutilante
pronuncien la consigna
un relámpago eviterno
te bañará de luz
a tus pies caerán deshechos
los agoreros de la Historia
emprenderán nuevamente
las águilas el vuelo
y allá en el horizonte
el sol devorará las alambradas.
Nadie te lo dirá entonces
pero tú sabrás
que la hora ha llegado.

BAYONETAS INÚTILES

Ellos pueden romper
la simetría de mi cuerpo en mil pedazos
y esparcirlos
por todos los rumbos de la esfera
pueden cerrarme el sol
el aire y las estrellas
como lo están haciendo
para eso son los dueños
de existencias y haciendas
señores de hoz y martillo
y con éste
pueden machacarme los huesos
hasta el tuétano
y con la hoz
segar la sufrida y madura
espiga de mi vida
mucho más si quisieran
pueden hacerlo
T O D O

menos aniquilar lo por mí escrito
las bayonetas no sirven
para matar versos.

BIBLIOTECA CUBANA CONTEMPORANEA

OTROS TITULOS DE ESTA COLECCION

* *Escrito en Cuba: Cinco poetas disidentes*, prólogo de Ramón J. Sender.
* *El comunismo cubano: 1959-1979*, Irving Louis Horowitz.
* *Dialéctica de la Revolución Cubana: del idealismo carismático al pragmatismo institucionalista*, Carmelo Mesa Lago.
* *Escrito en Cuba: Donde estoy no hay luz/y está enrejado. El libro de Jorge Valls*, Jorge Valls Arango. Prólogo de Carlos Alberto Montaner.
* *Cuba: Claves para una conciencia en crisis*, Carlos Alberto Montaner.
* *La economía en Cuba socialista*, Carmelo Mesa Lago.
* *Fidel Castro y la revolución cubana*, Carlos Alberto Montaner.
* *«1984»: Carta a Fidel Castro*, Fernando Arrabal.
* *Cavernas del silencio*, Armando Valladares.